AW KORSCH

sturmschall schrammt stimme

Gedichte

horizonte

der wolkendeckenrand

der schwerfällig dunkel

ist oft äußerst gefährlich

manchmal genügt es da

unter ihm wind

durch die nase zu ziehn

manchmal fällt schnee

der ein auto zum hügel

macht hagel

flockt fensterfronten ein

wolkendeckenrand

die gegend in der ich wohne
ist plattenbruchland
schafft schollen gefrorenen eises
das wegbricht
und in unerschließbare gebiete abtreibt

der herbst fällt aus bäumen tropft
schnee in die sonne
scheint unterhalb des horizonts zu stehn

der stadtrand ist dunkel
durch fenster auf kissen gestützt

da kreuzen sich blicke beschreiben
unüberbrückbare distanzen

durch fenster auf kissen gestützt

was ihn beim betrachten von schnee
regen zieht fäden
die hier unter dem einfluss
von künstlichem licht
an der fensterscheibe des zuges
ununterbrochen abreißen anspricht
sei der da draußen so wütende wind
der jedoch nur weil er bewegt werde sturm wird
erklärt er dem neben ihm im abteil sitzenden kind
das bestimmt zur notbremse greift um ihn zu stoppen

der da draußen so wütende wind

wenn ich einmal das alles über mir an
dann einseh
fallen ideen aus allen wolken wie watte
weiche gedanken
so schnell das gestell
das sich als himmel entborgen versammelt
und alles wieder versperrt wird das schauen
es schneit

aus allen wolken

es gibt da die eine,
die macht
die andere seite
lässt mit sich machen
wir uns nichts vor: es gibt
sie die grenzen, die so sicher
sind wie eine wand, welche zwei
zimmer, eines vom anderen teilt die
insassen, die im haus ohne tür leben,
das unbedacht ist.

an grenzen

mensch geh doch in eine

ganz und gar andere

fremde dahin

wo landschaften blühn

wird dir das schön-scheint-

die-sonne woanders genauso

im hochdruckgebiet

so wie wolken

zieht zeit

langsam nur weiter

wo landschaften blühn

vor dem einfall der stille bewehrt sich der wind
treibt vorwärts ins licht rückt die zukunft
//
scheint auf leuchtet hell strahlt durch fenster
zur straße umgebung
/
packt aus zieht rasch weiter wächst lärm laut
verkehrswert von gestern zurück

vorwärts ins licht rückt die zukunft

setze die wörter wurden formschön gestaltet
geschickt da gemacht von so lauten hab ich
in leeren gebäuden als wer versuchte
mir damit etwas zu sagen
nur das geschrei mundloser hallen gehört

das geschrei mundloser hallen

alles ist ware wird verhandelbar

zum preis unzähliger leben

lungert in räumen

wird ein- oder aus-

gepackt für die tonne

ins lager ver-

räumt besser auf

damits wieder das zeug

im über-sich-hinaus-sein hat

lagerware zeug

zweifelsfrei schärfer

die sinne synthetisch

schnitt wunde schorft blick

/

streut unkraut heilt aus

fällt zellwändiges stürzen

in den bestand

zellwändiges stürzen

schattensonnen

heiß oder eis
kalte wüsten
regionen
stacheln müde
die dünen
schattensonnen
im strahlenaufgang

dunkel brechen
rippenringe
und kämme
zapfen vom dach
taut seil lange messer
ritzen den sand

wandert wunder wohin
stauben hier hügel
so hoch häuser türmen
die straßen schluchten
wenns heiß

das was da feld
grau aus augen
wird schneiden
und fruchen ein
füllen den fluss
/
lauf jetzt rasch
los oder ab
lass die sonne
fährt unter die haut
/
schicht bricht moos
summt der weizen
wächst wild da
aufs korn
tropft die blume

abfall frisst sonne
stürzt schwert regen
nieder singt dreck
auf die halden

endlos knien knochen
auf polymere verteilt

in die sümpfe
schrammt stimme
schultert auf dauer
knie tiefer last

ins meer sonnt sich haut
reißt auf inseln geht ein

wir fallen wie wolken
abschlägig beschieden
vom himmel
ins meer der zuvielen
/
des alltags natürlich
und nachts
reißt der regen
schaumblasen ab

nach oben türmt
erdbebenwoge
vom ufer ins land
/
breitet sich über
große entfernungen
aus
/
langt zugwind
sticht sturmschall
kommt laufend
schnellt wind
/
der auflandig furchen
ins erdreich schlägt
ebbe
die flut

der mond ist fast voll
morgenrot taumelt
an seiner seite

reif rauht am gras
grau schlierts an leuchten
nebelumringt

straßen glitzern gehwege an
laufen auf
eis gegen atem

macht neu mir das grauen
nicht zu bunt
den regen zu schnee
taut vom kopf auf die füße

brecht ab euch
friert ein in die sonne
tagt über der zeit
strickt licht in ein rot

am horizont kentert ein boot
und schwemmt an den tag
der uns da wegrutscht
im schlamm der gezeiten

der umschwung des wetters
ins hell hoch am himmel
gießt wasser aus schütten
die glänzenden straßen
schmutzt stunk den asphalt

durch dichte gewimmel
bäumt eisstarr dem weh
wir aufsaßen
und haben die farben
uns ausbrechen sehn

schall kriecht kaltflimmer
bilderumgeben

zeit eist unter stein
schlags fenster springt wolken

wirbel schneegelenk
reißt ab bruch an grenzen

alle wetter auf scherben
sachte davon

auf ab wegen dir

gehen wir

schnurstracks voran

/

zum anfang

durch felder

und wiesen

/

im frühtau zu abend

den raureif

von reinweißen blättern

scherben

lauf nicht davon
deinem schatten
entkommst du niemals

bring dich nur um
näher bei mir zu sein
in eine aufrechte haltung

spuck scherbenhaufen
ins gepflügte feld
das nahe zu gefroren

knirsch sonne an
strebe um stütze
durch oder über die zeit

wille wächst stumm

in die landschaft

/

dünnt draht

kaltet wind

weht eisland

das sturm

licht die kälte

/

kriecht schnee

starrt der see

an stachelt

den zaun zieht

nach rechts

hinter hecken

wos kühl klart

weicht wasser

wellt tau auf

die ufer

schlammt

erdeumzont

/

weltet scholle

eist fluss

lauf in scharen

mehrt einzeln

anstehen ideen

gegen die wand

himmel lösen sich auf
reißen farben
ins meer
fällt regen zu stein aus der rinne

gärten gedeihen
im raum rankt natur
die im hochbeet containert
verpflanzt werden kann

abschaum schwemmt felder
streut samen wächst wider
die wolken verziehn sich
ins grünliche licht

überall scherben

gerstenkornkindergesichter

/

blühn durch die heide

drückt sich ein auge

/

aus blumen

die wiesen

/

zu heuhaufenknospen

aus brüchigem glas

mondfelder

/

breiten sich

kerben aus

laufen

//

grün oder

rot steht

schlafmohn

auf diesen

//

schultert

bewusstlosigkeit

/

traumschüttet

sterne

auf den straßen
schwemmt
fassungslos licht
die laterne
mastet die zeit

das spektrum
im kopf
fächert gedanken
verengt jedoch schnell
wird es dunkel

scheint so
als ob hier
das werden
stimmt stille
klingt ab

aus nichts alles

machen wir uns

einen reim auf

und trinken

parkbank kronkorken

feuerzeug kippe

im nu war da

land unter menschen

auf böden

stets meer

die sonne scheint

tau mir ins auge

und licht löscht

an straßen

die schatten laternen

und spucken teer

was

selbst

sucht

mittel

mäßig

bewegt

sein soll ...

hängen

und stemmen

und ziehen

wies schieben

und laufen

ein halten

am riemen

die körper

sich drehen

und dehnen

dann zerren

und reißen

die zeiträume auf ...

höchstleistung folgt
das ideal der figuren

eine idee

die hinter dem

was tat werden kann

steht

im vergleich

zum ihr zugrunde

liegenden weiter die zeit

war

früher frei

bei klarem verstand

als sie noch ausufernd wogte

nach nichts

schlug

in das terrain

steter bewegung

der dunklen gedanken

um in der stadt unentwegt

künstlich beleuchtet zu werden

vom schimmern

ausgelassen heller freude

die funkt

wenn ein pflasterstein sie trifft

wirkraum

anschläge zeitschleifen
einwände türen
pflastern rollkoffer kopfstein
fällt aus der versenkung

ins netz rammen text ton
und bilder geladen
verschwinden
hinter unzählig vielen scharnieren

ein geräusch hinterlassen
das kurz ist doch laut bricht
die spanne
der aufmerksamkeit

verschlüsselt

der kopf bewegt

der blick bleibt starr

wirft sich auf

gesichter steigen

schatten in schwaden

bis unter das dach

krachen knochen

zersplittern gebäude

rußt asche

qualmt unbedacht

noch schadstoffarm

auf die blauen lippen

auf die blauen lippen

wir lassen alles
ins umseitige lesen
guter vorsätze
auf armlängen heran
und fangen da an
anderer stelle zu graben
/
weils heiß erst
hoch her ging
wer weiter
an tasten
schlug schwingen
dem streichen
mit nachdruck umgreifen
bevor wer loslässt

antasten

auf bühnen, in büchern,
an wänden, auf halden
kanns doch nicht einfach
nicht wissen wollen heißen
sondern auf einer
von denen da,
zwischen zwei seiten
sich schlagen gedanken
aus köpfen tropft blut
vom schnitt durch die bilder
ins auf- dann ableben
von welt uns gefällt
was wir sind ...
nur deshalb nicht gut,
weil uns die zeit dazu fehlt.

vom schnitt durch die bilder

fotobeweiskraft
vertrauter wahrnehmung
ist abbild von ahnung
einer anwesenheit
die überbaubar mit fehlern –
was die stellung u.dgl. betrifft –
sie ans ins-visier-nehmen von tieren erinnert
die wie wild vor der linse im auge rumspringen

vor der linse im auge

auf text folgt bild
fällt ein film
in den wirkraum
handhabbaren lichts

löschlichter finstern
im spektrum der farben
das strahlen verblendet
zuweilen geschmack

löschlichter finstern

aufmerksamkeit spannt
um zu vergessen
was grad noch bedeutend
den kopf überzogen
zerstreut sich das alles
bedacht

von unzählig vielen
verhangen der himmel
so hell grau bezogen
ein aus ab versehen
ins licht
der unsteten

bewegung starrt
oberflächen an
gläsernen scheiben
reibt fingernd die hand
taumelt zitternd der faden
reißt ab

an gläsernen scheiben

ich fühle mich wohl

im ganz kleinen ich

brauche das alles

nicht noch mehr

die liebe

mich unlängst

das leben

trennt von dir

wir

finden das super

verlassen und laufen

weiter die zeit

im stillen so

fühllos und taub

am bedürfnis vorbei

lebensabschnitte

wie veränderlich
und doch gleichgeblieben   ich bin
bei geschlossenen türen und fenstern
auf dem stuhl sitzend da
im begriff   ohne anschauung

nie liege ich richtig
am ende
                                        vielleicht
in einer schlammigen pfütze

bei geschlossenen türen und fenstern

wenn ein zeitpunkt erst mal überschritten
ist zukünftig alles zu spät dein dagegen
nichts leichter als das
stunden abzählen
die schritte
an der schwelle zum nächsten

ende

Inhalt

horizonte

wolkendeckenrand * durch fenster auf kissen gestützt * der da draußen so wütende wind * aus allen wolken * an grenzen * wo landschaften blühn * vorwärts ins licht rückt die zukunft * das geschrei mundloser hallen * lagerware zeug * zellwändiges stürzen

schattensonnen

1-10

scherben

1-10

wirkraum

verschlüsselt * auf die blauen lippen * antasten * vom schnitt durch die bilder * vor der linse im auge * löschlichter finstern * an gläsernen scheiben * lebensabschnitte * bei geschlossenen türen und fenstern * ende

Die hier vorliegenden Gedichte sind Bestandteil einer dreiteiligen, aus je vierzig Gedichten bestehenden Reihe. Viele davon wurden bereits in Anthologien und Zeitschriften veröffentlicht, andere hingegen wurden nachgebessert oder erweitert.
Dieser zweite Band umfasst die Gedichte, die von 2012 bis etwa 2016 entstanden sind. Die Sichtung und Aufbereitung fand zwischen 2021 und 2022 statt.

AW KORSCH, geboren in Bernau (bei Berlin),
Eltern: Melker, Schulabschluss: 1989,
danach Ausbildung, Zivildienst, Abitur und Studium.
Arbeitet. Schreibt. Lebt in Berlin

© 2023, AW Korsch
Herstellung und Verlag:
BoD – Books on Demand, Norderstedt
ISBN: 9783734729270